매화 앞에서

●

조 문 자 시집

●

오늘의문학사

국립중앙도서관 출판시도서목록(CIP)

매화 앞에서 : 조문자 시집 / 지은이: 조문자. -- 대전 : 오늘의문학사, 2015
p. ; cm. -- (문학사랑시인선 ; 37)

ISBN 978-89-5669-666-9 03810 : ₩10000

한국 현대시[韓國現代詩]

811.7-KDC6
895.715-DDC23 CIP2015006695

매화 앞에서

■ 서시

힘 다해 썼더라면….

생각도 느낌도
모두가 가물가물
사람의 한 실이가
이렇게 접는 것을….

차타고 가는 길에
가로수 지나듯이
삽시간 온 것처럼
아쉬움만 남네.

하얀 종이 위에
몇 자 적은 것이
한 켠에서 위로가 되네.

‖ 차례 ‖

제2부 비가 내린다

제3부 품에 안는다는 것은

제4부 한자락 바람이라면

제1부

보리밭 두렁에서

어머니 계신 곳에

고향 산밭골에 어머님이 계신다.
사람을 좋아하여 묘안을 내셨을까?
전에 없던 고사리들이
사방에 널려 있다.
혼자 있어 외로우니
친구를 부르는 길에
서운하지 않게 꺾어 가라고
고사리 밭을 만드셨을까?
생전에도 친구를 좋아하시더니
저승에서도 외로울세라
양지 바른 곳에
혹 찾아오는 친구를 위해
허리 굽혀 하나씩 꺾어 가라고
갓난아기 주먹처럼 꼭 쥔 고사리 새순
해마다 봄바람에 실어 보내신다.

보리밭 두렁에서 1

살 벌어진 보리밭 두렁에 앉으면
검은 머리 보일 듯 말 듯
바람이 멀리 보리밭을 지나면
어느새 눈앞에 푸른 물결 이루네.

부지런히 손 놀려 풀을 베는
어머니의 모습이 어제만 같네.

내리던 이슬비 개고 나면
때맞추어 뻐꾸기 울고
언제 비가 왔던가 싶게 싱그럽네.

보리밭 두렁에서 2

보리 잘 여물게
비가 더 와야 하는데
부족하게 내렸다는
어머니의 서운한 말씀 따라서
뻐꾸기는
방정맞게 울고 있네.

그때의 그 말씀이
오늘 내게 다시 들려오고
쑥국새는 청량하게
어머니 말씀을 전하는데

'어무이' 부르면
'왜?' 하고 대답해 주시던
그 소리가
살 벌어진 보리밭 두렁의 바람결로
올 봄에도 다시 스쳐 지나네.

겨울 초저녁 1

바람은 차고
하늘은 조용하다.
대밭의 댓잎 바스락거리는 소리에
몸을 움츠려 찾아도
어머님이 안 계시다.
텅 빈 집안에 보이지 않는 그 분
어머님 부재의 날에 느껴지던
추위가 생각난다.
없으나 없지 않고
모자라나 모자라지 않음이
그 분만의 분복일까.
마음 상해 짜증 부려도
다 받아 주시던 어머니.

겨울 초저녁 2

밖을 나오니 생각이 난다.

뜰 안의 국화
시들어 늘어진 지금에도
생각이 난다.

화로 불에
언 손 녹여 주시던 어머니.

낙엽은 갈 곳으로 가고
벗은 나뭇가지만
어둠을 지키며 흔들리는데
유난히도 어머님 곁이 그립다.

월명산 해돋이

해돋이 맞으라고
새벽이 열려
어둑한 산길을 오르네.

어두컴컴한 새벽길
모닥불이 타오르고
따뜻한 열기는
사방으로 퍼지네.

비~잉 둘러선 사람들
따뜻한 불기운에
온몸을 녹이며
동녘이 밝아오기를
기다리네.

붉고 고운 색깔의
불덩어리.
차분히 숨죽이듯
느슨하게 지평선 뚫고

광명한 실선을 펼치네.

사람의 맘과 몸이 녹듯
지평선 멀리
오르는 태양처럼
우리의 희망도 번져오네.

비가 내리는 날

흙먼지를 날리는 밭두렁이
잠잠히 검게 보인다.
차분한 기운으로
흙으로 이랑을 굳히고 있다.
오랜만에 내린 생명수는
땅 위에 파랗게,
아주 파랗게
주먹 같은 싹이 머리를 내밀게 한다.
제 때를 맞추어 내리는 비는
고맙고 아름답다.
쏘옥 내민 강낭콩 머리 위에
구슬 되어 내려앉는다.
영산홍은 은구슬을 잔뜩 이고
무거운 머리를 흔든다.
햇빛처럼
영롱한 은구슬을 치워달라고
붉어진 얼굴로 애원을 한다.
실바람이 대신
착한 일을 하고 떠난다.

그믐달

선달 그믐밤 달빛을 보는 이는 누구일까. 한밤중에 떴다가 아침이면 사라지는 달, 바람도 없이 고요한 길에 다 삭히고 남은 조각달, 그 빛은 보는 이에게 사랑을 전한다. 사방이 고요히 묻혔는데, 고속도로를 질주하는 61년 인생의 꺼칠한 여인네가 운전을 한다.

앞뒤의 길은 멀리까지 한산하다. 건너 산등성이에서 비추어 주는 그믐달! 네게 빛을 주는 친구가 되어 주겠다고 달려가도 여전히 거리를 두는 그믐달, 다정하게 속삭여 주는 그믐달, 그대는 외롭지도 않구나. 슬프지도 않구나. 분하지도 않구나. 그대는.

밤을 밝히는 그믐달과 친구가 된다. 어두운 마음이 사라져 편안해진다. 고맙구나. 기다려주는 움막이 있는 곳으로 달려오려무나. 건너편에 서 있는 나뭇가지 사이로 다 삭고 남은 내 친구 그믐달이 인사를 하네. 친구여 편히 쉬라고, 울지 말고 살라고. 그대가.

수선화 곁에서 1

모질게 추운 설도 지나
세월은 가는데
추위는 다시 오고
떠날 줄 모르네.

샅샅이 구석마다
살 에이는 모진 바람
마음조차 얼고 있네.

짬짬이 비치는 햇살은
수선화 새싹과 눈이 맞네.

가을 잎 헤쳐 보니
수선화 새싹이
송곳처럼 내다보네.
아이고!
이것 봐 싹이 나오네.

수선화 곁에서 2

이 추위 어찌 견딜까.
짚을 덮어 주네.
소녀의 생각처럼
철없는 짓 하고 있네.

그러나 이것을 보아라!
땅의 철문을 들추고
수선화가
쏘옥 올라오는 것을.

봉선화 세 포기

봉선화 세 포기 심었네.
적적한 날이면 봉창을 열어
친구 삼으려고
창 밖에 심었네.
누가 더 자랄세라
키 재기하며 잘도 자라네.
꽃은 언제 필 것인지
잎줄기가 무성하네.
하얀 꽃잎에 진홍색 연지 찍고
꽃송이 피어오르네.
봉창을 열 때마다
고운 그 모양이
백일 지나던 아이처럼
귀엽고 여린 모양이어서
마음 다 빼앗긴 바보가 되네.

내 친구

친구 많이 있다 하나
마음 풀어 줄 친구가 귀하다.
목 메는 맘에
서러움은 어디 있는지
자신도 알 수 없는
저 깊은 곳에서
헤치고 헤쳐 눈물로 흐르기까지
깊은 사연은
어느 외진 골짝에서
길 잃고 헤매다 눈물로 흐르는가.
정녕 내 친구는
내 안을 적시며 솟아나온
뜨거운 눈물이거늘.

병에 꽂은 꽃 1

생생한 국화꽃을
꺾어다 병에 꽂았다.

한 주간도 넘었다.
들며 날며 꽃의 향기가 좋았다.
꽃이 있으니 꽃향기가 나려니
생각에 넣어 두었다.

쌀쌀한 날씨에 보일러를 켜고
따뜻한 물로 머리 감고
머리를 닦는 순간

코끝에 스치는
국화 향을 의식하면서
코를 가까이 꽃에 대는 순간
그 향은
나를 간절히 붙잡았다.

병에 꽂은 꽃 2

당신 곁을 머물다 가려한다.

재차 코를 대고
유언을 듣듯이 또 만난다.

조용한 시골 아침
내가 하는 일은 누구도 모르는 것,

다 말라 가는 너와 이별한다.

정 주고 싶은 사람 1

사십년 시계추가
흔들렸네.
그때 그 시절
친구 소식을 모르네.

지난날 그에게
아름다운 정 오갔는데
큰 물결 설레어 풍랑 이는
그 시절에
뱃멀미 심하여
생각도 희미하게 가물거리네.

내 맘에 흐르는
잊지 못하는 사람
아름다운 정 속에
담아두고 싶어
다시 말문을 열어 보네.

정 주고 싶은 사람 2

오순도순 정 주고
사랑 주고
멀리 바라보며
그렇게 가고 싶네.

맑은 물 흐르는
개울가에
지친 발 담그며
걸어온 먼지 씻으며
그렇게 살고 싶네.

아침 향기 1

태양의 정기가 창문을 비치면
탁자에 놓인 화분에
향기가 서리네.

사 온 지 사년여 세월 속에
꽃 이름도 가물가물하다.

지난해는 두 송이
올해엔
열 송이 피었네.

꽃 내음이 하도 좋아
가까이 코를 대도
밤에는 향이나지 않네.

아침 향기 2

햇빛 받아 향이 튀는
흔치 않는 꽃이다.

얼어 죽지 아니하게
품에 안 듯 키웠더니
향기로 답을 하네.

사랑하는 꽃과 나무
향기로
모양으로
답을 하고 있는데

사람살이는 어찌하여
그보다 못할 때가 있을까.

기다림

몸과 맘이 같이 늙었으면
이렇게 허전함을 모르지 않을까.
몸과 맘이 같이 늙었으면
쓸쓸하여 맘이 시려움을 모르지 않을까.
해가 중천에 떠 있는데
맘은 찌푸린 겨울날씨에
햇살마저 어설프다.
터질 듯한 한숨으로 위로를 받으며
붙잡을 수 있다면
고운 작품으로
그려볼 텐데….
느끼는 순간 벌써 가고 없는 것들,
멀리 가버린 것을 그리며 노래하네.
먼 훗날 보듬어 안아 볼 것을 소망하는데
오늘도 해가 지네.

새벽 가랑비

가로등 불빛 따라
내리는 가을비.

빨간 불빛
떨어진 낙엽 위에
고르게도 내리네.

혼자인 것을
쓸쓸해 말라고
나지막이 내리네.

잎새 떨구고
가지만 남은 나무들
사랑의 어루만짐일까

아쉬움도 깊어
시린 새벽에 찾아와
눈물을 나누네.

제2부 비가 내린다

눈물

슬픔이 진하여
'서글퍼'란 말로 갈음했을까.

먹장 같은 슬픔이 눈물이 되어
나를 위로하네.

뜨거운 눈물이 볼을 스쳐
턱 끝에 머물러 떨어질 때
평온함이 찾아온다.

슬픔은 눈물로 변하여
치유되는 것일까.

한없이 슬피 울어
마음의 응어리 녹아내리네.

꽃은 지고

지리한 유월의 날들
하얀 순백의 꽃은
꽃대만 세운 채
다닥 소리 내며 떨어진다.

티 없던 순백의 너는
뻣뻣한 녹색의 꽃대만 남기고
네 향기에 취하듯
가까이 하고 싶었던
자취를 숨기고 떠나는구나.

짙은 사랑의 꽃 내음은
멀리 사라지고
아련한 시간 속에
내 맘의 정까지 함께 안고
볼품없는 꽃대만 남았다.

겨울 안개비

사방이 자욱한 안개 속에
후줄근한 옷소매가
안개비에 젖네.

먼 거리 바라다보니 희끄무레한
안개비에 모두가 숨죽였네.

무엇을 위해
안개비는 진종일 내리는 걸까?
냉혹한 겨울이 지나가는
끈질긴 뒷모습일까?
우리네 인생의 막다른 행로일까?

오늘도 치매 걸린 노파는
방향을 잃고 허둥대는 모습이
내리는 겨울 안개비에
흠뻑 젖어 지침인가.

맺은 단추처럼

새벽이면 오솔오솔 찬바람 부네.

콩잎이란 깻잎이 누렇게 물들고
그래도 야무진 소리 내며
모기들이 달려든다.
언제 붙어 물었는지
따갑고 가려워 마구 긁는다.

푸른 잎으로만, 이른 봄부터
찬이슬 내릴 때까지
푸르게만 있더니
국화송이 되어 봉오리 진 네 모습이
베적삼에 달아 입던
단추만큼 컸구나.

상강 절기 다가오면 더 짙은 국화향
뉘에게 띄우려고
그리도 앙증맞게
고를 맺은 단추처럼 많이도 달렸구나.

빠르게 지나가는 늦가을
하얀색 섞어 피는 보라색 국화
이 가을 여전히 날 찾아
활짝 피었구나.

왔던 길로 가고 싶네

뒤돌아보니 길이 선하네.
어느 곳엔 바윗길
어느 곳엔 진흙길
어느 곳엔 둠벙 있는 논둑길

오르고 나면 내리막길
서 있어도 달려지는 미끄러운 길
아찔하게 발 떨리던 길.

가노라면 나무숲 빽빽한
숲속 오솔길
솔향이 코를 찌르고
아카시아 향에 취해
한참을 갔었네.

눈비를 흠뻑 맞고
질퍽하여 걷던 길
이제는 넘어지지 않으리.
무릎 깨지지 않으리.

왔던 길 다시 가면 여유 있게 걸으리.
그 길 다시 가면
모두 챙기며 걸으리.
왔던 길 다시 가면 허둥대지 않을 것 같아
자꾸만 왔던 길로 가고 싶네.

노성산성

설날 초이틀
아이들은 제집 찾아 떠나고
노곤한 몸을 자리에 맡기고
한 시간을 지났을까?

마음은 천리만리 날개 달고
날고 있다.

차를 몰아 산성길로 향해 간다.
부실한 허리에 벨트를 단단히 매고
지팡이를 부여잡고
오르막길을 간다.

몇 번을 쉬어, 쉬어 산성에 오른다.
무심코 코 끝에 스치는
눈물에 젖은 낙엽 삭는 냄새가
내 머리에 남아
걸어도, 걸어도 향기롭고 은은하다.

따사로운 햇살 받은 흙내
육신장막 벗기는 향내는
고향집인 양 언제나
어머님 냄새 같다.

잃어버린 것

내가 가진 물건은
내 혼도 같이하는 걸까
시간이 지날수록 새롭게 가슴을
파고드는 그림자.

찬바람에 맡긴 듯 서 있으나
한없이 아파오는
잃어버린 그 무엇을 찾고 싶다.

두리번거려도 막막한 마음뿐
온몸에 기운이 빠진다.

누군가 나에게 묻는다면
아니요, 아무렇지 않아요.
대답은 했으나
강가에 서 있는 벌거벗은 미루나무처럼
춥고 쓸쓸하게 속이 시리다.

봄이 오는 길은

추위에 웅크리고 꼭꼭 닫은
마음속에는 아직도
겨울이란 울타리
비잉빙 둘러 야무지게 쳐져 있다.

울타리 넘어 오가는 행인들
대화로 소식을 듣는다.
"입춘이 지났으니 봄은 오겠지."

저 멀리 바람 부는 뚝방에
휑하니 발가벗은
수양버들 가지에서
파르스름한 기운
버들가지는 따뜻한 기운 싣고
봄에 묻혀 오는 것을.

가을비 1

부슬부슬 내리는 비는
나를 가만히 놓아두지 않는다.
소녀처럼 마음이 부풀어
어딘가로 떠나고 싶다.

바람 없는 가을비에
나를 맡기며 동학사를 찾았다.
언제나 옆에 든든한 남편이 있어
길동무가 되었는데,
오늘은 그냥 튕겨져 나온 것처럼
멍하니 혼자였다.

산사에서 내리는 물은
얘기하듯 흘렀다.
물살에 몸 던진 낙엽 서너 장
물위에 떠서 아주 천천히
가을여행을 간다.

가을비 2

일이 바쁜 사람은
가을을 모르고 산다 한다.
유난히 가을을 타는 나에게
짙은 색을 담은 가을의 마음을
전해주는 너

눈속에 자리한 진한 가을빛
행복한 이에겐
가슴 뿌듯한 아름다운 빛
슬프고 외로운 이에겐
한없는 슬픔으로 끌고 들어가는 빛
쓸쓸한 이에겐
까칠하고 허탈함을 안겨주는 빛

가을은
마녀와 같은 힘을 가지고 있다.

가로수

눈을 열어 바라보아도
피곤치 않은
푸른 숲의 터널이여
너를 플라타너스라 부른다.

그렇게 푸르른 숲이
하늘 아래 얼마나 되려나.
오뉴월 염천 볕에 하늘 덮고
늘어선 너,
숲에 비할 수 있으랴

넓은 잎으로 단장한
청록색 자태
줄지어 서 있는 네게
자꾸자꾸 말하고 싶어
몇 번이고 너를 찾아왔지.

답답한 내 맘에 담긴 사연들
네게 쏟아놓으려고

편안하고 시원하게 맞아주는
너그러움 속에
차마 입을 열지 못한다.

너의 손사래에 맞춰
너무 좋다,
너무 좋아,
다시 올거야.
되풀이하고 너를 떠나왔다.

코스모스

무리지어 피어 있는
가을의 전령사.

무더운 여름날을 보내고
추석의 보름달빛 흠뻑 받고서
가냘픈 허리를 하늘거리며
붉고 하얀 꽃잎을 환하게
드러내는 코스모스.

사알짝 끌어안고 사진 한 장 찍었던
소녀 때가 몹시 그립다.
한 아름 끌어안고 내 마음 크게 열어
보여주고 싶다.

보아도 차지 않는 너의 모습이
늘 아쉽고 아쉬운 여운만을
몰고 온다.

주인 없는 마당가에

가을을 맞기 위해 오랜 시간
그 자리를 지켜왔네.
손대어 주지 않은 흔적은
훌쩍 커버린 국화대궁
몰아치는 비바람을 이겨내지 못하고
이리저리 휘둘려
납작하게 누워버렸네.
모두가 누워서 꽃송이를 피웠네.
꽃냄새 그득하여 벌 나비
번갈아 앉고 있네.
돌아온 주인이 그 모양을 보았네.
쭈그리고 앉아
늘어진 국화 송이 손에 놓아보니
향내는 변함없고
누워 핀 게 마음이 편치 않네.

벼이삭 치렁대는 논둑길

제 아무리 아름다움을 자랑해도
초가을 벼 익은 논둑길에 비할까.

함빡 이슬 먹은
알알이 얽힌 벼이삭
내손으로 키우고 보살펴
작품을 만들었네.

고개 숙인 이삭은
무거우나 다소곳이
이슬을 먹고 또 먹고
하얀 버선등에 뚝뚝 떨어놓네.

그때는 짜증나듯 이리저리
제치고 걸었지만
지금에 와 생각하니
아름다움이 그것이었네.

석양을 바라보는 내 마음엔

한없는 아쉬움만 안고 있네.
풋풋한 나락냄새가 그립네.
누런 벼이삭
아침 이슬 먹은 논둑길이 그립네.

초가삼간 사립문 앞에
그 나락논이 그립네.

집으로 돌아오는 길에

겹겹이 늘어선 산등성은
예닐곱 필 말들이 서 있는
말갈기 같다.
조용히 내리는 눈발 속을
기적도 없이 열차는 질주하고 있다

비켜가는 겨울의 들녘
어느새 40년의 세월을 뒤로하고
눈 내리는 산길을 걷고 있다.

앞이 보이지 않을 만큼
펑펑 쏟아지는 눈 속 오솔길
나무들이 빽빽한 사이로 눈 내리는
어슴프레 산속 길이 생각난다.

그렇게 아름다운 길을
무엇을 생각하며 거닐었을까.
기차는 나를 싣고
눈발 속을 헤치며 달리고 있다

목련화

해마다 꽃은 피고 지건만, 올 봄 들어 목련꽃은 어찌 그리 깨끗한지, 해맑은 하얀 꽃잎이 내 마음을 꼭 붙드는구나. 티 묻은 내 마음은 흔적 없이 가셔지고, 하얀 네게 동화되어, 나 역시 맑은 아름다움으로 승화됨을 알았네.

너 하얀 목련화야! 오래오래 머물거라. 너의 그 새하얌이 지난날 쪽진 어머니의 뒷모습을 닮았구나. 눈부시게 새하양 목련화, 너를 바라볼 때마다, 네 옆을 스칠 때마다 내 마음도 같아지는구나. 오래 머물거라, 오래 머물거라.

비경

등산로 따라 발길을 옮긴다.
산등성 가득 채운 나뭇가지가
가고 오는 무한의 순리에
다소곳이 옷을 벗어 버렸으리라.

숨을 헐떡이며 올라가는 여인들
눈길을 잡아 끌 듯 붙잡혀
발길을 멈춘 감탄의 함성은
연거푸 터져 나온다.

넓고도 그윽하며
몽롱하리 만큼
찬란하게 펼쳐지는 광경
하늘나라엔
수정 같은 길이 있다고 했던가.

수정으로 도금한 듯
어우러진 자태
그것을 간직하라는 듯

바람도 쉬고 있구나.

햇빛이 밝게 빛을 비추니
시야는 온통 은색천지,
어떤 도공인들
저리도 고르게 빚을 수 있으랴.

감나무

들며날며 정들었던 감나무
연녹색 입었더니
어느새 여름 가고
검은 빛 옷 입었네.
탐스럽게 무럭무럭 자랐네.

서늘한 가을바람 옷깃을 스치니
주먹만한 감
줄기줄기 매달렸네.
잘 커라 빨리 커라 목 늘여 지켜봤네.

가을바람 진하게 부니
주홍색 빛깔 큰 감 됐네.
찬 이슬 얼굴에 바르니
더욱 크고 빛이 나네.

살며시 만져보고자 하니
남의 집 담장 안이었네.
놓을 수도 없어라

딸 수도 없어라
바라만 보고 마는
남의 담장 안의 감이거늘.

저물어 가는 날

넓게 뚫린 도로를 따라
대둔산을 스치고
다시 국도 따라 전주를 옆으로
남원, 임실을 지난다.
지리산 국립공원을 접어들어
산속 깊이 차를 몬다.
형형색색의 빛을 띤
단풍은 아름다움 그것이다.
회색빛깔로 다가오는 그것은
마치 양탄자가 깔린 듯이
부드럽게 드리워 있다.
부드러운 촉감을 느끼고 싶어
가까이 왔을 땐
벌거벗은 자작나무 숲이었다.
어느 사이
저 높고 넓은 산자락마다에
푹신한 양탄자를 깔아 놓았을까.

눈빛에서

까칠한 목소리는 마음의 그림을 나타낸 소리, 탐탁찮은 눈빛은 맘과 맘의 거리이고, 뜸한 소식은 맘의 관심 없음이라. 그 그림 보는 눈은 슬픈 맘으로 되돌아가고, 평행선 그어놓고 걸어가는 발걸음은 힘이 없네. 전파 따라 흐르는 파장은 메마른 목소리, 정답게 들려주는 그 목소리, 기다림엔 많은 갈등이 번개처럼 치고 가네.

이른 아침

저– 멀리
산 아래 깔린 운무 속에
다 가려지지 못하고 우뚝 솟은 산봉우리
조용한 시골 아침
두견새는 적막을 깨뜨리고
구슬픈 울음을 운다

파란잎들의 나뭇잎은
실바람에 흔들려
제 모습을 알리기라도 하듯이
모두가 살랑살랑 나를 부른다

한 폭의 그림처럼 아름답고 싱그러운
여름날 이른 아침
정겨운 숲의 향을 안고 바람 되어
내 가슴에 와 부딪치네.

품에 안는다는 것은

순간

중천에 떠 있는 구름 꽃처럼
순간에 꽃이 되고
바위가 되네.

사람살이가 구름 꽃 같은데
흐르는 세월 길어
슬퍼하는 것뿐이네.

맘 저리게 그리움이 맺혀도
후벼 파는 아픔이
몽땅 얽혀 매도
순간이면 다 사라져 없어지는 것을.

회한의 맘을 열어
찬란한 구름 꽃에
열정을 품는 어리석음이여.

마음이 없으면

마음이 없으면 혼돈의 시대
그대로 멈춰 있겠지.
하루를 두고 마음을 보면
그 굴곡에 구름 같구나.

중천에 떠 있는 저 구름은
뉘라서 정리하며
어떤 명령에 움직이는가.

새털 같은 구름 날개에
세워 봤으면
구름 속 뭉치에 던져 봤으면
모든 것은 마음 가는 대로라지만

저 멀리 버티고 선 구름기둥처럼
요동치는 마음 주체할 길 없어
하얀 네 가슴에 마음을 적는다.

바다

검고 푸른 바닷물은
바라보는 이의 사연 담아
멀리 출렁이며
내 앞에 다가서네.

수많은 사연의 한
큰 바위에 산산이 부서져
괴물처럼 솟아나온
가슴의 답답함.

바다는 말처럼 달리며
하얀 파편으로 솟구치네.

좋은 사람

— 공주의료원에서

특별한 인연 없으나
보기만 해도 좋다네.

봉우리 되어 기다리는
백합화를 보기 원하듯
활짝 핀 꽃잎에 향기까지 더하니
늘 보고 아끼며 그렇게 살자구요.

친구 되고,
스승 되고,
엄마 되고,
딸이 되어
손 붙잡고 걷는 뒷모습이
어찌 그리 좋은지
하늘 아버지가 그렇게 살라고
땅에 내려주었나.

정이란 게 있지요.
따스하고 포근하게

진흙 깊이 파고드는 연뿌리같이
누구도 모르는 사이
잎이 되고
그 속에 꽃이 되었네.

빈자리

누군가 옆에 있으니
맘이 편하여 즐거움이 함께하네.
세월의 흐름을 막자고
시시때때로 몸을 부딪치며
어느 날 떠나는 사람 앞에
막을 수도 없고
줄로 동여매어 끌어올 수도 없는
현실을 감당키 어렵네.
세찬 바람 맘에 불어와
허둥대고 섰으니
허전함에 사로잡히네.
누구나 떠남으로 인한
아픔의 빈 자리 있겠지만
풀포기 베어낸 뒤에
허허로운 빈 자리 같네.

흔적

당신 찾아 헤매는 나를 아시나요? 자주 갔던 장소에서 허망한 맘을 달래며 돌아오는 나를 당신은 아시나요? 가슴을 후벼 파는 나의 쓰린 아픔을 당신은 아시나요?

계곡물 건너 집 찾아갔더니, 계곡물 건너지 못해 멍하니 서서 바라만 보다 돌아왔지요. 혹 당신의 흔적을 찾을 수 있을까, 확인하며 찾았으나 다 부질없는 허당이던 것을.

작년 심은 봉선화는 올 여름도 여러 그루 같이 서서 꽃망울 소담하게 피워내는데, 당신의 흔적은 내 맘에 더 짙은 아픔이어서, 당신의 흔적 찾아 헤매었지요.

품에 안는다는 것은

좁은 뜻을 품은 것 같으나
너무나 크고도 풍만하구나.
누런 가을 들녘을 바라보고 있으면
모두가 내 것이라네
눈으로 볼 수 있다는 건
다 안아 볼 수 있기에
이 넓은 들녘과 산천을 품에 안고서
외로워 서러워한다면,
보지 못하고 있다는 것
멀리 눈을 들어 다 보인다면
그는 외로워 슬퍼하는 자가 아니리.
품에 안고 있는 유복자이리.

설날

앞서 보낸 자를 그리며 슬피 운다면
가신 이를 위함인지
남아 있는 나를 위함인지.
몇 번이고 다짐하니 외롭고 슬퍼서
가슴이 찢어지도록 울고 또 운다.
누가 볼세라 눈물 흘리지 못하고
누가 들을세라 흐느끼지 못하니
파편 맞아 뚫린 것처럼
가슴이 텅 비어 바람이 세차게 분다.
이제는 외롭다 하지 않으리,
쓸쓸하다 하지 않으리,
슬프면 바다같이 넓은 네 하얀 가슴에
머리를 파묻고 크게 울리.
엉엉 울리
더 크게 울리
아직도 남은 세월엔
칼바람 추운 겨울 더 남기고 울리.

지팡이

육십 후반의 나는
여행목적지가 아직도 많이 남았는데
남의 일이라 쳐다보지도 않았던 모양,
세발 나들이, 지팡이와 동행한다.
오십 미터도 걷지 못하고
구십도 각을 이루며 꼬부라진 자세로
구성진 모양을 떠올린다.

지팡이를 짚고 의지한다.
중심도 잡고,
발걸음도 같이하고
남 앞에 설 적엔
내 몸에 바짝 붙여 세워두고

분신 같은 지팡이에
다른 사람 걸려 넘어질까봐
걸음걸이 더디어도
꼬부랑할머니
붙들어주는 지팡이가 고맙다.

지팡이는 가장 가까운 친구다.
같이 가는 동반자다.
군소리하지 않고
장소를 구분하지 않는 친구
남의 웃음도 아랑곳하지 않고
나만 지키던 그대,
지켜주던 그대가 떠난 후
지팡이는 나의 동행자가 되었다.

친구를 만나는 기쁨

— 서영애 권사

친구를 만나러 먼 길을 오가려니
힘은 들지만
얼굴 보는 순간은 기쁨이다.
허물없는 얼굴빛에 마음 놓이고
별다른 말뜻 없지만
주고받는 대화는 편안하다.
만나 볼 친구들이 있으니
얼마나 행복한가.
사람들은 많지만 모두가 친구는 아니지.
세월이 함께 엮어 다지고 다진
며칠 지나면 또 소식이 궁금해지는
그 친구들 말이지.
돌아오는 발걸음은 서운해 무겁지만
그래도 반갑고 정스러운 마음
가득 담아오는 기쁨이다.

매화 앞에서

향(香)도 다 나누지 못한 채
꽃잎은 시나브로 날린다.

불어치는 꽃샘바람 때문에
하늘은 높고 맵지만

단단한 마음으로
마른 가지마다 켜 들은 꽃등.

언제인가 꽃은 지게 마련이고
알알 열매가 푸르리니.

언제나 혼자인 것을

누군가 옆에 있다고 생각하는
착각 속에 서 있나보다.
외로운 날들 내 곁에 있어
누군가 지켜봐 준다고
오늘은 정녕 혼자인 것을.

숲의 향기

띄엄띄엄 소나무 빛은
푸른 마음이다.
아름다운 색깔의 어울림에
마주 잡는 향기다.

멀리서 들리는 단소 소리
가야금 튕기는
끊어질 듯 이어지는 곡조
아름다운 가락이다.

산새들의 울음소리
같이 잠을 자며
보채는 암컷의 울음소리
숲의 정적을 깨트리는데.

억새꽃

동구 밖 어귀
길모퉁이 돌 적마다
빛바랜 치마저고리
푸석한 하얀 머리가
바람에 휘날리네.

자손들 잘 가라고
손 흔드는 할머니처럼
찬바람 세차게 불면
하얀 머리카락
나비되어 날릴 텐데

아직 풀기 남아
잘 가라고 손을 흔들 텐데.

눈 덮인 내장산

잿빛 하늘 아래 웅장하게 버티고 선 산
능선 따라 길을 가네.
굽이굽이 펼쳐지는 병풍 같은 산
한 폭 한 폭 산의 아름다움
높은 봉 낮은 봉에 겹겹이 둘러싸여
하얀 눈 품에 안으니 고요가 나를 묶네.
바람도 쉬는 듯 꿈꾸듯 조용하고
모퉁이 돌아서면 제각각 다른 모습
하얀 눈 나무 아래 펴고
자작나무 옆에 서 있으니
그 아름다움이 끝이 없네.

친구들

오랜 세월 정 얽힌
친구들 온다네.

날마다 만나는 친구들
한 번 두 번 빠지면
세월은 계절을 바꾸네.

할 말 다하지 못하나
수다 떨다 보면
어느새 헤어질 시간
얼굴 모양 다르고 성격 또한
길고 짧은 풀잎처럼
들쑥날쑥 달라도
십년 넘어 이십여 년
끈끈한 정
품에 안은 친구들 온다네.

삶의 파란만장
따로따로 묶어진

한 덩어리 그 자체
손잡아 보려고 친구들이 온다네.
빛바랜 친구 만나러
친구들이 모인다네.

해돋이

해돋이 맞으라고
새벽이 열려
어둑어둑 추위도 함께하네.

모닥불이 타오르네.
불길은 하늘 높이 오르고
따뜻한 열기는 사방으로 퍼지네.
빙 둘러선 사람들
따뜻한 기운에 온몸을 녹이며
동녘이 밝아오기를 기다리는데
붉고 고운 색깔의 불덩어리
숨죽이듯 지평선 뚫고
광명한 실선을 펼치며 오른다.

우리의 몸을 녹이듯
멀리 오르는 태양을 보며
우리 모두 한 마음이 되네.

대보름 오기 전

밤잠 설치고 새벽잠에 빠져들어
새벽기도에 못 갔다.

팔다리 너무 아파
왜 이리 아플까?
몸 안에 풀기 마르느라
이렇게 아플까?
이리저리 뒤척이다
아침 일곱 시.

창이 밝아 문 열었더니
하얀 눈이 이렇게 내린 줄 모르고
누워 앓기만 했네.

한자락 바람이라면 1

북풍한철 칼바람이
내게 불어온다면
추워 떨겠지요.

더운 날
땀 식히는 바람이라면
두 팔 벌려 맞이하겠지요.

우리의 만남은
순간에 스쳐가는
한자락 바람이었지요.

한자락 바람이라면 2

붙잡고 싶어도
붙잡아지지 않고
매어두려도
매어지지 않는

산 넘고 들 지나
깔린 풀잎에게도
한자락 바람이겠지요.

스치고 가는 바람이
모질어도
주저앉지 않고
순풍을 기다려야겠지요.

기도

양의 무리 위하여 기도하시는, 한결같은 목사님의 기도소리. 하나하나 세어가며 저 천성의 주님께 아뢰시네. 지켜주시라고, 도와주시라고, 품어주시라고, 고쳐주시라고, 이슬 같은 축복 내려주시라고, 천국의 주님께 기도하시네.

청춘을 다 바쳐 생의 열정 쏟아 언제나 가까이 계신 주님께 기도하시네. 살아계신 주님의 사랑으로 붙드시고 인도하심을 믿기에 오늘도 쉼 없이 기도하시네. 검은 머리 하얗게 변해가시는 목사님 위해 나또한 손 모아 기도드리네.

소리 따라 왔더니

카세트에서 흘러나온
엄정행의 목련화를 들으며
무작정 차를 몰아 길을 나선다.

봄의 따스한 햇살 속
겨울 지난 밭두렁엔 파란 풀잎이
서로 다투어 여린 색을 띄운다.

소녀 아이 마음처럼 애틋한 맘의 정을
쏟아 붓고 싶은 봄
멀리 아련한 그리움이 밀려오는데

가고 없는 그이는 흔적도 남김없이
머언 저쪽에 새싹으로 오심인가,
만 가지 시름 밀쳐두고 맞으려네.

제4부

한자락 바람이라면

고요 속에 편안하신지요

고요 속에 편안하신지요?
맘 깊은 곳에도
고요가 절절히 스며드는 곳
창밖 나무 그림자에도
심장이 멈출 것 같은 고요함
사방의 고요가 겹겹이 쌓인 곳
자신의 숨소리에도
두 배로 크게 들리는 곳
깊은 곳에 당신은 쉬고 있네요.
만 가지 시름 내려놓고
당신은 쉬고 있네요.
말 벗 없는 고요 속에
아무런 불만도 없이
모두를 벗어버린 채 쉬고 있는
당신 찾아 왔다가 내가 가네요.

대둔산이 불타고

단풍색깔 너무 고와 불타고 있네.

수많은 사람 함께 어우러져 불타고
오고 싶고 보고 싶은 열정이
사람의 가슴 가득 차올라 불타고
차량이 도로 좌우에 가득 찼네.

대둔산 전체가 울긋불긋 불타네.

호남선 1

길게 저 멀리 만홍리 하늘이 보인다.

호남선 2

"어이, 어디 댕겨 온당가?"
언뜻 마을 이장님 얼굴이 보인다.

호남선 3

호남선 열차를 타고 가다 보면
함평고을 나비 떼들이
줄지어 광주까지 마중 나온다.

호남선 4

호남선 열차를 타면
아버지 옷자락 소리가 들린다.

어릴 때 돌아가셔서
얼굴도 모르는 아버지 숨소리가 들린다.

호남선 5

잊고 살았던 고향이지만
평생 모시고 살았던
어머니의 하얀 머리칼이 보인다.

다시 만나도 눈물 지을
우리 어머니, 그 주름살도 보인다.

고향마을 신기

해당화 피고 지는
이미자 노래가
확성기로 흘러나온다.

해안도로 새로 뚫려
젊을 적 추억이
주마등처럼 스친다.

바닷물 한강 들어
크고 작은 배
물결 따라 흔들리네.

소싯적 같이했던
빛바랜 강아지풀
늦가을 바람에 고갯짓 하네.

세월의 흔적인가
나이 든 쉰 머리에
불편한 몸놀림이 안타깝네.

푸른 바다 만수위
발밑에 찰랑거리며
흘러간 옛날을 돌려주네.

사랑하는 이에게

남아있는 맘의 정
다 주고 나니
뒤이어 찾아온 건
쓸쓸함이네.

비어 있는 맘속에
펀치 않는 쓸쓸함이
눈보라치듯 몰아치니
뼈 속까지 스미네.

차라리 남은 정
다 주어 버렸으면
훨씬 가볍게 서 있겠네.

보이지 않는 분과 함께

"여호와는 나의 목자시니
부족함이 없으리로다."

안식 속에 살면서
말씀을 붙잡고
노래하면
달도 별도 내 노래를 듣지요.

그 속에 나를 띄우고
반짝거리는 별들에게
헤집고 들어가
옛 이야기 전하지요.

모두 아름다운 친구들
주님 안의 친구들.

제주의 바람

배 띄우는 바람,
오늘 부는 바람은
야자수 그늘 밑에
성도들 함께 앉아
사진 찍는 바람

여자의 옷자락
사알짝 나붓기는
훈훈한 바람
꽃내음 실어다 주는
향긋한 바람

남녀가 손잡을 땐
야릇한 바람
아름답게 흔들거려
한림공원 수목원에
한몫을 거드네.

꽃밭에서

꽃이 가득 피었네.
감탄으로도 끝이 없네.
피어나는 아름다움
눈에 차고도 넘치네.
마음 구석진 곳
아쉬움은 무슨 연고인지
맘속에만 머물 뿐
말하지 않으니
더더욱 허전함이 나를 묶네.
소리 내어 같이 웃고
감탄하면 더없이 좋으련만
한 아름 안아본들
꽃은 꽃이요,
나는 나인가,
쓸쓸함만 한층 더하네.

땀방울

농부들 흐르는 땀은
힘들고 더워서 흘리는
땀인 줄만 알았네.

오늘 논가에 앉아보니
더워서만 아니었네.
땀방울 방울이
벼이삭에도 매달려 있네.
벼 알이 터지도록
익어가고 있었네.

황금물결 이루는 들녘
백발로
한 바퀴 돌았네.

이제 나는

꿈은 꿈일 뿐이었네.

현실은
허리에 벨트 매고
지팡이 의지하며 걷는
나약한 사람.

나지막한 산을 붙들고
붉은 해는
제 집으로 들고 있네.

모시적삼

한산세모시에 풀 먹여 손질하고
다리미로 다려놓은 세모시 적삼.

찌는 듯 더운 날
화사하고 시원함이 절로 더해간다.

상큼한 풀냄새
발 굵은 열세 보두집에 줄세어 짜여진
쪽물들인 색깔치마 곱게 다려 입고
나들이를 떠난다.

옆에 있는 이에게까지
시원함을 나누며 색깔까지 곱다.

계곡의 합주곡

치악산 줄기 따라
주천계곡 흐르는 물은
밤새 끊임없이 콸콸
아침에도 쉬지 않고 노래하네.

암반 위로 흐르는 맑은 물
넘치는 그 물은
부딪치며 소리치고
돌아가며 노래하고
좁아지면 크게 치솟아 오르고
넓어지면 조용하네.
장관을 이루며
제멋대로 노래하네.

급히 흐르고, 때로는
유유히 흐르는 물을 보며
마음의 시름도
물소리에 담아 두고 싶네.

목도리

살 에는 바람 속에
추위에 떨지 않음은
아마도 목도리 덕이다.

사랑하는 친구가
먼 여행 떠났다가 사온
파랑색 바탕에
검은 실로 짜 맞춘 목도리.

여우털처럼
부드럽고 포근한 목도리
품어 안아주면 남사스러울까.

이런 저런 얘기하며
오는 겨울에도 다시 두른
친구의 마음.

그리움은 그리움으로

몸 안으로 추위가 스며들 때면
새롭게 되살아나는 그이가 그립네.
그리움은 아프게 저려오고
주위 초목마저
누렇게 고통을 삼키고 있네.

쓰린 가슴 안고
먼 길 위에 나그네 되어
벽에 걸린 사진은 웃고 있지만
그것은 실체 없는 허상일 뿐
비어 있는 마음은 더욱 시리네.

뜨거운 눈물이 흘러
꿀꺽 넘어가는 눈물의 하소연을,
몇 백 번 삼켜야 잊히려나.

곰뱅이재

책보자기 팔에 얹고 벼이삭 늘어진 논둑길을 따라 앞산에 들어선다. 하늘에 닿을 만큼 푸른 앞산 소나무길을 따라, 당삼매 밭둑길을 함참이나 건너면 새태 뒤에 다다른다. 새태를 벗어나면 백정굴 논둑길을 건너고, 초동 옆으로 자란 소나무 길을 따라 구렁텅에 들어섰다가 다시 빽빽이 들어선 소나무 오리나무 당나무 숲속길을 걷는다.

1㎞쯤 재를 향해 올라가면 무서운 마음에 가슴은 쥐죽은 듯 숨소리조차 들리지 않는다. 이곳에 이르면, 오르내리는 비탈길을 지나며 곰뱅이재에 이르면 학교를 반쯤은 가게 된다. 재를 오르자마자 공동묘지를 지나 내리막에 꽤 깊은 개천을 건너가면 이뱅이재에 이른다. 그 근처엔 문둥병자가 초막을 짓고 살아서 그곳을 지날 적이면 온몸이 콩알만큼 오그라지고 만다. 그러나 그곳까지 오면 자풍, 성남쪽에서 학생들이 나온다. 평오를 지나 배우배기 골짝을 또 들어선다. 사람끼리도 비켜가기 힘든 그런 길이다. 자연히 그곳에선 일열로 서게 된다.

함평장날이면 큰 소를 몰고 아저씨들은 그 길을 오간다. 대하동네를 옆으로 두고 함평농업중고등학교가 보인다. 학교 삼거리엔 수산, 수호리에서 나오는 친구들도 만난다. 겨울이면 그곳에 와서야 바짓가랑이에 고드름이 줄래줄래 달려있는 줄 확인한다. 중3학년, 가을, 함평읍에서 전깃불 켜 있는 것을 보고 집으로 온다.

또 곰뱅이재를 넘어 소나무 찍찍한 내리막길을 한참 오는데 부엉이 소리가 부엉부엉 크게 들린다. 영자가 앞에 가고, 나는 가운데, 옥자는 뒤에, 세 사람은 숨소리도 없다시피 긴장되어 걷고 있는데 구렁텅이 막 들어섰을 때 우리는 셋이 한꺼번에 '엄마야'를 합창했다.

반대편에서 어떤 아저씨가 내려오고 있었다. '아따 이놈들 나도 놀랬다' 소가 아파서 읍내로 약 사러 가는 길이라 했다. 우리는 힘이 다 풀려 길을 갈 수가 없고 옥자는 더 가까운 초동으로 우리 둘은 계속 걸어 마을로 오면서 어찌나 무섭고 놀란 맘이었는지, 지금도 어제 일처럼 생생하다.

공주의료원

한밤 자고 내일은 무릎수술. 많은 환자들의 고통 속에 나도 다섯 번째 수술이 끝났다. 마취가 끝나고 고통은 시작, 무통시술제를 달고 나와서 통증을 잊으려고 하나 그것은 아니었다. 그 진통제 때문에 속이 다 뒤집어져 매스꺼움에 토하기를 계속, 수술 십오 일째, 하루가 지나면 그만큼 고통과 더불어 치유되는 자연의 이치를 다시 읽을 수 있었다.

구부리는 운동을 되풀이하면서 고통은 멀리멀리 거리를 남기고 있는 것 같다. 순박한 시골 어머니들의 고통소리를 들으며 시간의 치료를 기다리고 있다. 일주일이면 15명 정도 무릎 환자의 무릎을 치료하는 부장님을 다시 바라본다. 인자하게 묻고 대답해주시는 부장님은 사명의식에 붙잡힌 듯하다. 같은 방 환자들은 피붙이처럼 만감이 오간다. 같은 상황에 처했으니 그럴 수밖에 없다. 포도 한 알이라도 같이 나누는 맘이다.

2층 휴게실 북쪽창을 바라본다. 땅거미 드는 시간쯤 멀리 뵈는 소나무들이 어둑어둑 운치를 나타낸다. 소나무 숲속을 바라보면 맘이 훤히 열리는 듯하다. 오고가는 사람들의 말소리를 들으며 그곳을 찾는다. 의료원 생활에서 유일한 낙이라면 북쪽창문을 멀

건이 바라보는 것이다. 낮이나 밤이나 피로와 고통이 나를 묶을 때면 나도 몰래 나간다. 그곳은 나를 안아주듯 속이 시원하다.

퇴원할 날이 5일 정도 남았다. 사람을 그리는 것은 맘이 상할 때이지만, 북쪽창을 바라보는 내 맘은 그저 여러 시름들을 내려놓는 일이다. 창밖 먼 산은 내가 내어 놓은 말을 그대로 받아주고 있다. 말 상대를 찾느라 마음 아팠으나 이런 자연을 말벗으로 삼아 초조함도 짜증도 들지 않는다. 불만도 다 없어지겠다.

■ 작품해설

간난신고(艱難辛苦)를 극복한 삶의 향기

— 조문자 시인의 시세계

문학평론가 리 헌 석

(사) 문학사랑협의회 이사장

1. 조문자 시인은 누구인가

조문자 시인의 첫 시집 『매화 앞에서』에 수록된 작품을 읽는다. 독서 중에 어떤 시가 아름다운가, 어떤 시가 가치로운가, 어떤 시가 사랑받는가, 오랫동안 찾고 있던 명제가 되살아났다. 이러한 명제는 문학의 여명기에서부터 현재에 이르기까지 수많은 시인들과 학자들이 궁구(窮究)해 왔지만, 시원하게 납득시키지 못한 것도 사실이다.

그의 시가 어떤 아름다움, 어떤 가치를 지니고 있는가는 독자들이 감상하고 평가할 몫이다. 그렇지만 그가 현실생활에 깊이 뿌리를 내린 바탕에, 상상력의 꽃으로 예술성을 획득하고 있다는 점은 분명하다. 이러한 점을 염두에 두고 감상한다면, 작품의 내적 진실에 이를 수 있을 것이며, 동시에 감동의 진폭(震幅)도 커질 것이다. 시집 제목이기도 한 작품 「매화 앞에서」는 시인 자신을 반

영한 작품으로 보인다. 자연 현상을 통하여 삶의 진실을 투영하는 데 성공하고 있다.

향(香)도 다 나누지 못한 채
꽃잎은 시나브로 날린다.

불어치는 꽃샘바람 때문에
하늘은 높고 맵지만

단단한 마음으로
마른 가지마다 켜 들은 꽃등.

언제인가 꽃은 지게 마련이고
알알 열매가 푸르리니.

—「매화 앞에서」 전문

매화나무를 가꾼다고 하자. 다른 꽃보다 일찍 매화나무에 꽃이 피고, 그 향기를 나누기도 전에 꽃잎이 바람에 흩어진다. 그러나 꽃이 진 꽃자리에 작은 열매가 숨어 있고, 그 매실은 알알이 푸르게 자랄 것이다. 그야말로 간결한 시형에 자연 현상의 신비를 담아내고 있다. 특히 〈꽃샘바람 때문에/ 하늘은 높고 맵지만// 단단한 마음으로/ 마른 가지마다 켜 들은 꽃등〉이라는 절창(絶唱)은 그가 이룬 문학적 성취라 하겠다.

이와 같은 시를 빚어내는 조문자 시인은 1946년 2월 13일(음력)에 전남 함평군 함평읍 만흥리에서 출생한다. 젖먹이였을 때 부친을 여의고, 가난한 농촌에서 성장한다. 성남초등학교와 함평여자중학교를 졸업하고 학업을 포기한 것도 당시의 가정 형편 때문인 듯하다. 25세에 결혼하여 남편을 따라 서울에 둥지를 튼다. 남편의 건축업이 서울과 대전에서 성공을 거두며 가난을 극복하지만, IMF 금융위기와 사업 확장의 짐을 견디지 못한 채 회사는 도산하게 되고, 이를 시름하던 남편도 62살에 작고한다.

이후 충청남도 논산시 성동면 삼산리 농촌마을에서 신앙생활과 시 창작에 전념한다. 2009년에 『문학사랑』 신인작품상을 수상하여 등단한다. 그의 세 자녀들은 모범적으로 성장하여 자기 몫의 사회생활을 영위하면서, 어머니의 삶과 문학을 지키는 울타리 역할에 충실하다. 그의 희로애락(喜怒哀樂)은 시로 승화되고, 고희(古稀)를 맞아 80여 편을 묶어 첫 시집을 발간하기에 이른다.

2. 조문자 시의 진실과 감동

조문자 시인은 보기 드문 효녀로 알려져 있다. 결혼한 뒤 1년간 신접살림을 차린 이후, 어머니가 93세로 작고할 때까지 평생을 모셨다. 4녀 중 막내였던 그는 고향에서 살 때나, 서울로 이사하여 남편의 건축업을 도울 때나, 대전으로 이사하여 사업을 할 때나, 또한 실패하여 어렵게 살아갈 때에도 어머니를 극진히 모셨다. 그래서 그가 빚은 작품 중에 어머니와 관련한 작품이 중심을 이룬다.

어머니에 대한 직접적인 정서도 애틋하다. 시인은 꽃을 보면서도 어머니를 연상하고, 계절이 바뀔 때도 어머니를 생각한다. 여러 사물을 통하여 드러나는 어머니에 대한 사랑과 그리움이 독자들에게 감동으로 다가선다. 특히 고향과 연계된 정서는 어머니로 귀착한다. 「호남선 5」 기차를 타고 가다 보면, 그는 〈잊고 살았던 고향이지만/ 평생 모시고 살았던/ 어머니의 하얀 머리칼이 보인다./ 다시 만나도 눈물 지을/ 우리 어머니, 그 주름살도 보인다.〉면서 한없는 그리움을 노래한다.

고향 산골 밭에 어머님이 계신다.
사람을 좋아하여 묘안을 내셨을까?
전에 없던 고사리들이
사방에 널려 있다.
혼자 있어 외로우니
친구를 부르는 길에
서운하지 않게 꺾어 가라고
고사리 밭을 만드셨을까?
생전에도 친구를 좋아하시더니
저승에서도 외로울 게라
양지 바른 곳에
혹 찾아오는 친구를 위해
허리 굽혀 하나씩 꺾어 가라고
갓난아기 주먹처럼 꼭 쥔 고사리 새순
해마다 봄바람에 실어 보내신다.

―「어머니 계신 곳에」 전문

시인이 어머니의 묘소를 찾는다. 고향 산골 밭에 모신 어머니

산소에 고사리가 많이 자란다. 그것은 어머니 묘소를 찾아온 사람들이 꺾어가라고 어머니가 보내신 선물이라 생각한다. 생전에 어머니는 친구를 좋아하셨다. 어머니 묘소에, 고사리를 꺾기 위해서라도 가족이나 친지들이 찾아오기를 기다리는 것으로 보았다. 〈갓난아기 주먹처럼 꼭 쥔 고사리 새순〉을 어머니가 봄바람에 실어 보내셨다고 노래한다.

어머니에 대한 작품은 「보리밭 두렁에서 1」「보리밭 두렁에서 2」「겨울 초저녁 1」「겨울 초저녁 2」「노성산성」「고요 속에 편안하신가요」 등에서도 절실한 서정을 생성한다. 이에 비해 갓난아기였을 때 작고하신 아버지에 대한 추억은 상상 속에서 드러난다. 「호남선 4」에서 그는 〈호남선 열차를 타면/ 어버지 옷자락 소리가 들린다./ 어릴 때 돌아가셔서/ 얼굴도 모르는 아버지 숨소리가 들린다.〉고 놀라운 연상력을 보인다.

가족에 대한 정서는 남편에게로 향한다. 삶의 희로애락(喜怒哀樂)을 공유하였던 동반자였기에 그의 작고는 헤량할 수 없는 아픔과 외로움으로 남아 있다.

> 시나브로 내리는 비는
> 나를 가만히 놓아두지 않는다.
> 소녀처럼 마음이 부풀어
> 어딘가로 떠나고 싶다.
>
> 바람 없는 가을비에
> 나를 맡기며 동학사를 찾았다.

언제나 옆에 든든한 남편이 있어
길동무가 되었는데,
오늘은 그냥 튕겨져 나온 것처럼
멍하니 혼자였다.

산사에서 내리는 물은
얘기하듯 흘렀다.
물살에 몸 던진 낙엽 서너 장
물 위에 떠서 아주 천천히
가을여행을 간다.

—「가을비 1」 전문

가을비가 내리는 어느 날에 시인이 동학사를 찾는다. 평소에는 〈옆에 든든한 남편이 있어/ 길동무가 되었는데〉 그 날은 〈그냥 튕겨져 나온 것처럼/ 멍하니 혼자였다.〉 시인은 외롭고 슬픈 정서에 젖어 있는데, 〈산사에서 내리는 물은/ 얘기하듯 흘렀다.〉 자신의 슬픔과 물 위에 떠가는 〈낙엽 서너 장〉의 관계망에서 애상적 정서를 환기한다.

이런 바탕에서 그의 외로움을 수용하게 된다. 작품 「언제나 혼자인 것을」에서 보면, 〈누군가 옆에 있다고 생각하는/ 착각 속에서〉 살고 있다고 고백한다. 〈외로운 날들 내 곁에 있어/ 누군가 지켜봐 준다.〉고 위안을 삼으며 살아간다. 그러나 그의 현실은 〈정녕 혼자〉라는 인식에 이르고, 이런 고독이 작품 창작의 동력(動力)으로 기능한다. 남편에 대한 사랑과 그리움, 그 정서와 함께 자녀들에 대한 성심도 작품에 투영된다.

봉선화 세 포기 심었네.
적적한 날이면 봉창을 열고
친구 삼으려고
창 밖에 심었네.
누가 더 자랄세라
키 재기하며 잘도 자라네.
꽃은 언제 필 것인지
잎줄기가 무성하네.
하얀 꽃잎에 진홍색 연지 찍고
꽃송이 피어오르네.
봉창을 열 때마다
고운 그 모양이
백일 지나던 아이처럼
귀엽고 여린 모양이어서
마음 다 빼앗긴 바보가 되네.

—「봉선화 세 포기」 전문

이 작품은 뜰에 봉선화 세 포기를 심고 정성을 다하여 가꾸었다는 에피소드이다. 외롭고 쓸쓸한 날이면 창을 열고 친구 삼으려고 창 밖에 심었다는 것이다. 시인의 희망처럼 봉선화는 잘 자라서 꽃을 피운다. 그래서 창을 열고 바라볼 때마다 고운 그 모양이 자신의 아이들 같아서 시인은 마음을 빼앗긴다.

그러나 재독을 하면, 2녀 1남을 낳고 기른 어머니의 가슴이 보인다. 다시 정독을 하면 비유와 상징에 의해 이루어 놓은 조문자 시인의 아름다운 문학적 성취에 젖게 되고, 새롭게 밀려오는 감동의 회오리에 빠지게 된다. 이렇듯이 조문자 시인은 섬세한 감성으로 시를 빚는다. 때로는 직설 화법을 써서 이해의 폭을 넓히기도 하고, 비유를 통하여 새로운 감동을 생성하기도 하며, 상징을 통하여 작품성을 높이기도 한다.

3. 기도와 찬양으로 문을 열며

조문자 시인은 권사 직분을 맡아 신앙생활에 몰두한다. 그의 평생은 부침(浮沈)의 연속이었을 터이매, 그가 마음으로 아파할 때마다 신앙은 그를 일으켜 세웠을 것이다. 가진 것 없이 상경하여 생소한 사업을 시작하기 전, 그는 공장 노동자로 일하면서도 꿈을 잃지 않고 열심히 살았다 한다. 그의 소망대로 큰 성공에 이르지만, 욕심이 과하여 절망에 빠져 있을 때도 기독교 신앙은 구원의 손을 내밀었다. 신앙의 힘에 의하여 내적 고통과 경제적 어려움을 극복하기에 이른다.

"여호와는 나의 목자시니
부족함이 없으리로다."

안식 속에 살면서
말씀을 붙잡고
노래하면
달도 별도 내 노래를 듣지요.

그 속에 나를 띄우고
반짝거리는 별들에게
헤집고 들어가

옛 이야기 전하지요.

모두 아름다운 친구들
주님 안의 친구들.

—「보이지 않는 분과 함께」 전문

그는 신앙심으로 삶의 신비를 작품으로 빚어낸다. 첫 시집을 낼 때까지는 과거의 추억과 서정을 중심으로 작품을 빚었지만, 앞으로 새로운 시집을 발간하기 위해서는 신앙시를 열심히 빚겠다는 다짐이다. 외로움과 갈등, 위기와 절망을 극복하여 감사와 찬양을 담아낸 시를 빚고자 한다. 기도와 찬양으로 세상을 문을 열겠다는 마음이 오롯하다.

이런 다짐으로 창작해 낼 아름다운 시를 기대하며, 조문자 시인의 첫 시집 『매화 앞에서』에 수록된 작품 감상을 마친다. 일부 작품을 중심으로 한 조명이어서 작품 전체에 흐르는 예술적 특성을 아우르지 못했음을 고백하며, 여타 작품에 깃들어 있는 시인의 속삭임은 독자들의 몫으로 남긴다.

■ 저자후기

오고가는 세월 속에
자연과 더불어 얘기했던 것을
자녀, 친구, 지인들에게 몇 편 읽어보시라고
준비하다보니 너무 부끄럽습니다.
하지만 이 속에 나를 묶어
함께 하는 지인들의 기억 속에
좀 더 오래 머물고자 하는 바람으로
엮었습니다.

조문자 시집

매화 앞에서

발 행 일 | 2015년 3월 20일
지 은 이 | 조문자
발 행 인 | 李憲錫
발 행 처 | 오늘의문학사
출판등록 | 제55호(1993년 6월 23일)
주 소 | 대전 동구 삼성1동 125-6 한밭오피스텔 401호
전화번호 | (042)624-2980
팩시밀리 | (042)628-2983
홈페이지 | http://www.lito77.co.kr(홈페이지)
전자우편 | hs2980@hanmail.net

공 급 처 | 한국출판협동조합
주문전화 | (070)7119-1741~2
팩시밀리 | (031)944-8234~6

ISBN 978-89-5669-666-9
값 10,000원